AF582237

Suitte des Residences Memorables

D'EUGENE FRANCOIS

Duc de Savoye et de Piemont &c.

Troisieme Partie

Dans la quelle on voit les Chambres a manger, et de Conversation, en suitte de la partie precedente
ont eté inventés et ordonnés par le Sieur Claude le Fort du Plessy. &c.
le tout levé et designé par le Sieur Salomon Kleiner &c.
Et se trouve à Augsbourg chez les Heritiers de Ieremie Wolff

MDCCXXXIV.

avec Privilegie de Sa Maj. Imperiale et Catholique.

Wunderwürdiges Kriegs- und Siegs-Lager

EUGENII FRANCISCI

Herzogen zu Savoyen und Piemont &c.

Dritter Theil

In welchem die Gesellschaffts-Zimmer, und zwar in befolgung des anderten theils sich befinden.
Deren inwendige Ausziehrungen Herr Claudius le Fort du Plessy &c. anordnete,
und daselbst nach dem Leben gezeichnet, durch Herrn Salomon Kleiner. &c.
Augspurg in Verlegung Ieremias Wolffs seel. Erben.

MDCCXXXIV.

Cum Gratiâ et Privilegio Sacræ Cæs. Majestatis.

III

1.

Buffet, qui sert en mesme temps d'Antichambre. Service und zu gleich Vor-Zimmer.

Sal. Kleiner Ing. & M. delin. Cum Privil. Sac. Caes. Maj. Hæred. Ierem. Wolffij exc. Aug. Vind. Ioh. August Corvinus Sculps.

III.

2.

Sale a manger. Taffel-Zimmer.

Salomon Kleiner Ing. El. Mog. delin. Cum Privil. Sac. Cæs. Maj. Hæred. Ieremi. Wolffij excud. Aug. Vind. Georg Lichtensteger Sculps.

III.

Chambre au Caffe. Caffe Zimmer. 3.

Salomon Kleiner Ing. El. M. del. Cum Priv. Sac. Caes. Maj. Haered. Jerem. Wolffij exc. Aug. Vind. Joh. Jacob Grasman Sculps.

III

Apartement pour le Jeu. Spiel-Zimmer. 4.

Salom. Kleiner Ingen. Elect. Mogunt. delin. Cum Priv. Sac. Caes. Maj. Haered. Jer. Wolffii excud. Aug. Vind. Jacob Wagner Sculps.

III

Gallerie. Bilder - Saal. 5.

Salomon Kleiner Ing. E. M. delin. Cum Privil. Sacr. Caes. Maj. Haered. Jerem. Wolffy exc. Aug. Vind. Joh. Jacob Graefsmañ Sculps.

Cabinet marbre en albâtre. Marmoriertes Cabinet. 6.

Salomon Kleiner Ing. El. M. delin. Cum Priv. Sac. Caes. Maj. Haered. Ierem. Wolffii exc. Aug. Vind. Ioh. Jacob Graffmann Sculps.

III.

7.

Cabinet peint. Gemahlenes Cabinet.

Salom. Kleiner Ingen. Elect. Mogunt. delin. Cum Priv. Sac. Caes. Maj. Haered. Jerem. Wolffii excud. Aug. Vind. Joh. August Corvinus sculpsit.

III

Anti-Chambre. Vorgemach. 8.

Sal. Kleiner Ing. F. M. delin. Cum Priv. Sac. Caes. Maj. Haered. Jerem. Wolffii excud. Aug. Vind. Ioh. Jacob Gregsman Sculps.

Chambre à coucher. Schlaff-Gemach.

Salom. Kleiner Ingen. Elect. Mogunt. delin. Cum Priv. Sac. Caes. Maj. Haered. Ierem. Wolffij excud. Aug. Vind. Gottfried Pfautz Sculps.

www.ingramcontent.com/pod-product-compliance
Lightning Source LLC
LaVergne TN
LVHW050514160826
845677LV00003B/1119